POESÍA ESCOGIDA

ANN

Saraí Minaya Ocaña., Editora

POESÍA ESCOGIDA

Por ANN

Edición y diseño: Saraí Minaya Ocaña

Jr. Salaverry 1227 – Lima - Perú

Primera edición: agosto del 2024 (digital)

ISBN: 9798336488326

Sello: Independently published

Libro electrónico disponible en:

www.amazon.com

Categoría: Relaciones, naturaleza, floriografía, amor.

A quien no se rindió conmigo.

Dibujaba estrellas

Chico triste

Hay más aquí pasando los deberes.
Hay más, aquí, pasando los deberes.
Hay lluvia y la música que provoca bailando en
los charcos.
Hay un cielo precioso donde las nubes juegan.
Hay pasto, verde de respiración.

Y está el chico triste.
Está el chico que no se permite sentir
porque no sabe hasta dónde llega.
Y se pierde.

Hay un poco más, allá, donde da miedo
acercarse.
Están el océano y su ruido blanco de paz.
Están las autopistas llenas de gente que lo ha
perdido todo
y aun así continúan.
Está el globo que se le escapó a un niño *y sus
sueños.*

Está el chico triste.
Está el chico que sé que tiene miedo
pero no tiembla.

Él llueve.

Hay demasiado detrás de las ventanas.
Hay un nuevo camino a casa.
Hay una canción que nunca he conocido
pero ya me gustaba.
Hay una risa que no duele.

Y está el chico triste.
Está el chico que sabe que habrá
una salida.
Y espera.

Hay mucho que hace que no duela.
Están los amigos que llevan a la espalda lo que
hacía falta.
Están las flores que una vez tomé en mis manos.
Está eso que escribí un día y prometí que
llevaría conmigo.

Y está el chico triste.
El chico al que le digo que estaremos bien.
<u>Y me cree.</u>

Él

Él.
Tan chico que le queda el pronombre,
es el chico que *inspiró la lluvia y el anochecer.*
Todas las plantas del mundo llevan su olor,
dentro de cada canción se esconde su voz.

He pasado tanto tiempo en su recuerdo que
ahora ya no encuentro dónde empiezo yo
y dónde termina él.
Quemaría mi presente a su lado,
me perdería cada día en su olvido.

Correría tras la luz de su mirada
tanto tiempo sin cansarme
y cada vez que caigo,
sus manos me levantan con certeza.
Y está bien.

Ser, con él, es fácil.

Me llama por el sonido de mis latidos
y así mi nuevo nombre suena más bonito.
Dado que todo cae por su propio peso,
suena a que yo ya llevo un tiempo cayendo.

Solía creer que tenía que estar feliz,
que tenía que estar triste,
que tenía que estar.

Ahora ya no hace falta,
él hace lo que quiere
con el tiempo y espacio
y yo estoy en él.

Camina pisando los monstruos en mi pasado
y las lagunas que apagaron mi fuego alguna vez
y no se corta, no vive con miedo a ahogarse
porque él juega con todo esto que ha quedado
después del invierno.

Aún niño

Las llamas del nerviosismo
me lamen los tobillos.
Mis muñecas están encadenadas
delante de ti.
Estoy enfrente con los ojos vendados.
Tú sostienes la pistola y te quedas callado,
a tu lado siempre estoy expectante
y no hay mucho que decir porque
ya todo viene dicho.
Todo lo que es importante ya lo conoces.
Aprendiste a sentir más rápido
de lo que aprendiste a leer cuando niño
y **ahora ya no duele**,
los rayos del sol se cuelan entre las nubes,
sales un rato,
regresas a casa,
te olvidas del insomnio de la niñez
y a las nueve de la noche la luna se apaga.

Tiempo, una construcción social

Creo que no me entendiste
cuando dije que estaba firmemente convencida
de que el tiempo era una construcción social.

Hay algunos que piensan
que el tiempo es algo que se pierde,
que el tiempo es algo que se gana,
que el tiempo no es suficiente,
que el tiempo es demasiado,
que el tiempo es un buen amigo,
que el tiempo no espera a nadie
o que el tiempo se acumula.
Pues tú haces que todo este tiempo
sea lo que tú quieres que sea
y se convierte en lo que tú eliges
que se convierta,
llegas a casa con los segundos contados
y *me pides que me olvide*
de lo que he dejado para después
porque no hay un después
ni un mañana si no estás tú
mirándome como si se estuviera acabando el
mundo,
no hay un ayer ni un pasado si no te encuentro
preguntándome qué me pasa
y yo respondiéndote que **me pasas tú.**

Desde el día en que me senté
delante de ti,
empecé a creer que el tiempo
lo habían construido aquellos
que nunca han sabido nada,
aquellos que, en la práctica,
nunca se habían arriesgado lo suficiente
como para aplicar la teoría;
así que ahora querían que crea
en algo que te he visto
hacer añicos con un destello de risa
y con un espejo en las manos.
Por eso yo creo firme
e irrevocablemente
que el tiempo
es una construcción social.

La casa

Vuelves
y *te instalas de nuevo en esta casa.*
Dejas tus cosas en el suelo
y los escalones frágiles de madera
crujen con tus pasos hacia el interior,
caminas como si los cimientos te pertenecieran
y la pintura, que se deshace en las paredes,
te saluda como a un viejo amigo.
Buscas cualquiera de los cuartos
que siempre están vacíos
y sobre la cama dejas tus cargas
y a un lado de la cabecera depositas tus sueños.

Vuelves
y te instalas de nuevo en esta casa.
Deambulas por la cocina
e indagas entre los jarrones
para saber si alguien más ha usado la sal
o ha tomado de tu taza favorita.
Paseas la mirada por los alrededores
y te quejas en voz alta
esperando que esta casa te conteste,
que te consuele
y que te diga que todo estará bien.
Visitas el jardín
y recortas las plantas que han crecido
demasiado
y las flores que te parecen hermosas

las guardas en una canasta construida
a base de tus cabellos claros.

Vuelves
y te instalas de nuevo en esta casa.
Pierdes tus tristezas en la ciudad de rosas,
no dices mucho, pero tratas de escuchar
los sonidos que hacen los pequeños animales.
Me haces creer que ya conoces el truco
para que las cortinas se abran en silencio
y que la puerta no se cierre con fuerza
pero es todo un engaño,
es un artilugio que utilizas para conocer nuevos
cuartos
dentro de esta casa.

Vuelves
y sabes que te irás después de unos días
pues eso es lo que haces cada que llegas:
pensar en la despedida.

Distancia

Hace falta darle paso a la vida.
El amanecer de su mirada se escurre entre mis dedos.
A este punto ya no hay nada que pueda hacer para cambiarlo.
Lo único que finalmente importa es que *quieres quedarte.*
¿Cómo pasas de ver a alguien diariamente a no verle nunca?
¿Por qué pasas de ver a alguien diariamente a no verle nunca?
No debería ser así.
En realidad, no sé cómo debería ser,
solo no quiero que sea así.
No me duele y no lloro.
No, me duele y no, lloro.
Me oculto detrás de un miedo enfrascado en poesía
porque entiendo más de las letras que de quien me lee.
Me he presentado más veces de las que puedo contar
con los dedos.
En mis manos ya no soy yo la que carga el paraguas
y ya no puedo sacarme ni a mí de la noche oscura.

Escuché que dijo que yo era la única persona
a la que había visto realmente vivir su vida,
pero ya no soy el personaje principal
y en mis costas ya no amanece.
A donde vaya cargo con ello como un regalo
y nunca puedo encontrar a quien quiera
ayudarme a llevarlo.
A quien lo lleve conmigo y quiera llevarlo *por
mí*.
Me gustaría decir que tengo el truco del final en
mis manos.
"Tengo el truco del final en mis manos".
Pero aún no conozco el camino
y no sé si para ti sea suficiente
alguien que no tiene idea
de cómo regresar
a casa.

Promesa

Te digo que estamos bien.
Que no sé qué hacer con todo esto y
me invaden más las dudas que las ganas,
pero que lo dejes en mis manos
para ver <u>si puedo convertir toda esta arena en
vidrio.</u>
Déjalo todo entre mis dedos y yo veré
qué hago con tu dolor.
Y veré cómo lo enredo en un nudo
para que nunca más tengas que pensar en eso.
No hay nada que tengas que dar a cambio
pues todo esto es efecto de tu entrega,
consecuencia de haber visto el marrón de tus
ojos ese primer
día.

Te digo que estamos bien y,
aunque no sabes qué hacer con esa afirmación,
tu completas la frase con un:
"Y si no lo estamos, *pronto lo estaremos*".

Fortuna de encontrarte

Tu corazón no conoce
un mundano lenguaje del amor.
No conoce un retorcido
sentido actual del cariño.
No conoce la forma vana y desalentadora
de la espera.
Tu corazón solo conoce amor divino,
inocente cariño y dulce espera.
Por eso nos complicamos
sabiéndonos al inicio del poema
genuinamente esperando que no salga mal.
Deseando que no acabe antes de tiempo.
El punto final del poema
siempre lleva a otro verso
si es acompañado de tu mano.
Nunca puedo saber
si verdaderamente he acabado
cuando se trata de escribir
del resplandor de una brillante hoguera.
Depende de nosotros la dicha de la cual
colgamos
al sabernos unidos por un sentimiento abstracto.
Esperamos.
Esperamos pacientemente,
replicando y contradiciendo todo lo que el
mundo nos lance.
Aun sabiendo que lo primero que lanzó,

fue a nosotros, al borde de un camino arduo y
doloroso.
Secretamente nos encontramos
dentro de cada poema.
Compartimos una sonrisa de permanencia
escrita en papel eterno.
Nos vemos a los ojos con esa complicidad
que solo dos mejores amigos pueden tener
y, por un momento, lo que suena dentro de tu
pecho
es lo mismo que lo que suena dentro del mío.

Entre tu corazón y yo hay un trato de
confidencialidad.
Él promete quererme por siempre
y yo prometo fingir que lo sé,
prometo vivir convencida de que me quiere
con cada parte de él y aún más.
Yo prometo mantener en secreto
que correspondo a este sentimiento ahora dueño
de mí.
¿Dónde estás ahora que los días pasan sobre mi
sonido
y sé que cada vez es más tuyo y cada vez menos
mío?

Nostalgia
Fragmento

La tierna noche hace que
todo caiga de vuelta a su lugar
así que me trae de vuelta
estos poemas sin coherencia
que no relacionan lo que quiero con lo que debo.
Entonces te hago promesas vacías
y te digo cosas como:
"te mandaré cartas por debajo
de la puerta",
"no me iré nunca",
"tengo un abrazo para ti
todos los días" y
"creo que te querré para siempre".
Esto último es verdad,
creo que te querré para siempre.
Tal vez no de la forma
en la que estás pensando
pues el cariño se transforma
y se convierte en nostalgia
con el paso del tiempo,
puesto así, parece que
no te querré para siempre,
entonces lo pondré de otra manera:
serás mi nostalgia por siempre.

Mentira hermosa

Me pregunto si ya
habrás conseguido
hacer tuya la valentía
que nunca pudiste encontrar
cuando estuve a tu lado.
Coloreaste de azul
nuestros paisajes que
prometiste serían rosa.
Querer quererte después
de aprender de ti que lo único
que podías dar eran espinas y vidrios rotos,
tiene un color bastante parecido
a la palabra "masoquismo".
Un rojo intenso,
mezclado con el color que tiene el vacío
cuando me miras y me dices
que me quieres.
¿Quién puede ayudarnos ahora?

Estamos cayendo directo al suelo
cuando segundos antes saltábamos
de nube en nube.
¿Cuándo fue que esto se convirtió
en nuestra verdad?
No hay un nosotros.
Pues yo caigo con una sonrisa
y tú pasas por mi lado sabiendo
que caigo por ti
y que **tú no caes conmigo.**

Mi primer amor

No creo que pueda
enamorarme a primera vista,
pero hubo un tiempo en que pude.
Amé.
Y sigo amando.

Y ella
se llamaba "mamá".

Cartas nulas

Ahora las cosas no parecen
querer funcionar,
tengo sueños que se deconstruyen
hasta volverse monstruos de brea
y miedos que nunca pude olvidar.
Por mis piernas se resbala
eso que un día llamé ilusión
cuando quería gritar
que no podía sentirme sola.
Que no podía sentir.
Ríos de música corren
en ese lugar donde
las nubes se derriten,
donde nos perdemos
y volvemos a discutir,
donde encuentro el valor
debajo de las mantas.
Paso una mano sobre la otra
y un puñado de genuinos sentimientos
me atacan como una bandada
de aves enfurecidas que me tumban
y me derriten
y me asustan
y me dicen que nunca más
podré volver a escribir.
Pequeña mariposa,
he estado pensando en irme,
he estado fantaseando con apagar
estos reflectores.
Por favor, escúchame esta vez,

solo por si sucumbo y cedo.
Algún día te pediré
que me dejes ir,
tal vez te pida que
cortes nuestras cuerdas
y que pares nuestra música.
En este momento esta petición
puede parecerte algo vieja
y un poco usada
pero en algún momento
estaré contigo, aunque
no de la manera en la que te gustaría
y tendrás que ser tú quien se ocupe
de cambiar el agua
de mis marchitas flores.

Esto no es poesía

Si escribiera de la forma
en la que pienso
escribiría mucho más.
Muchas más quejas tal vez.
No hace falta tener un camino claro.
No hace falta.

El tiempo va más rápido que mi poesía.
¿Esto es poesía?
A veces no pongo atención porque escribo,
escribo para tener una realidad
que pueda controlar.
Ya me había tardado demasiado.
Me había tardado demasiado.

Por aquí queda mucho espacio vacío
y se llena con palabras que no encuentro
todavía.
Esto no es poesía.

Hay que ser muy valiente
para regalarle una sonrisa a otra persona.
Hay que ser muy valiente
para tratar de convencerte de que no duele.
El mundo es muy grande para reducirse
a la tristeza de alguien.
Este mundo es muy grande para reducirse
a *mi tristeza*.

Si escribo lo suficiente
podré encontrar lo que perdí.
Si escribo lo suficiente
podré hacer que les llegue.
Quiero que les llegue.
Esto no es poesía.

Hay cosas que, sencillamente,
no cambian.
Nunca aprendí nada más
que a escribir como si me dejara
la vida en ello.

Agradezco saber escribir.
Escribiré mucho más de lo que pueda
permitirme,
pues no está permitido sentir tanto.
Hay demasiados borrones
y tanto espacio que el sonido no rebota.
Esto no es poesía.

Calzado

Los zapatos que uso
para intentar recorrer el mundo
parecen ser demasiado grandes.
Trastabillo cada vez que quiero correr
y no me permiten pensar en volar.
Mis labios saben a poesía
y a algo de hierro,
a un metal entre mis dientes.

Los zapatos que uso
para intentar recorrer el mundo
parecen ser demasiado pequeños
para lo grandes que son mis metas,
para los lejos que están mis sueños.
No me permiten caminar más de dos pasos
porque duele.

Los zapatos que uso
para intentar recorrer el mundo
parecer ser demasiado ajustados.
Me duelen las piernas,
me duele el corazón
sin haber dado un paso primero.
No quiero avanzar porque va a doler
y no sé si estoy segura
de saber qué hacer.

Los zapatos que uso

para intentar recorrer el mundo
parecen ser demasiado comunes.
No he sentido la atención
de algo o de alguien
por el camino que dejo detrás,
no hay quien haya seguido mis pasos
y me haya dicho:
"Espera, déjame ir contigo".

Tal vez,
simplemente,
**debería recorrer el mundo
descalza.**

"Moriría por ti".
¿Moriría por ti?
Me gustaría saber si moriría por
ti.
¿Te gustaría que muera por ti?

Valentía

No sé cómo decirle que
he estado buscando
por mucho tiempo.
No sé cómo decirle que
yo también lloro
y que por favor se quede para siempre.
No sé cómo decirle que
no soy ninguna columna,
no estoy hecha de mármol.
No sé cómo decirle que
no soy la perfecta melodía
que necesita hoy.
Cuando se haga mayor
se dará cuenta que no sé
cómo mostrarle el camino al cielo.
Por eso riego todas mis vasijas
inundando sus pies descalzos
y construyendo sus expectativas
con pedazos de mi piel,
para que nunca jamás venga alguien
a tratar de empujarla al suelo y que lo logre.
Cuando todos sus enemigos sean amigos,
recordará lo que le dije:
"Me alegra que estés aquí conmigo,
lo siento si te hago daño.
Pronto estarás sola,
lo siento si tengo que irme.
Aguanta un poco más,

ANN   *31*

ya vienen los días buenos".

La Pecera

Mujer proceso

Es de esas que te dejan un lío
en la cabeza y corazón
y mírala bien
porque, así como llegó,
así mismo se va a ir
y te va a dejar con todo
pero *vas a sentir que te deja sin nada.*
Por favor,
mírala mucho
ahora que puedes
y la tienes frente a ti
diciéndote que te quiere,
diciéndote que, aunque se muere de miedo
hasta los huesos,
lo quiere todo.
Lo quiere todo contigo.
Mírala mucho porque
lágrimas corren por sus mejillas
cada vez que suena esa canción
y sabe que la quieres
y de todas formas se lo recuerdas.
Mírala todo lo que puedas
porque, aunque parezca tu huida,
sus ojos brillan cada vez
que la estás mirando y le dices
que es ella a quien quieres
y la tomas de las mejillas
y le dices que está preciosa.

Entonces su mundo entero
se reduce a ti
y a ese gesto que ahora es tuyo
pero que mañana se convertirá
en un capítulo que hay que contar
para hablar de ella.
Te llena de amor
como para esta vida al menos
y para dárselo también a otra más.
Para dárselo a otra vida más
que venga después de ella
porque sabes que no se va a quedar
pero **igual lo intentas**
aunque sabes que no la necesitas
pero crees que lo haces
y ella sabe que al final
solamente es la capitana del barco
que te llevará en tu viaje
hasta que sepas cómo reír,
cómo intentar,
cómo amar.
Entonces se va
y parece que te quedas sin nada
pero te quedas con todo
y ahora estás listo
para dárselo a alguien más.

La pecera

Los recuerdos que se han
teñido de tristeza
son como tatuajes que
las lágrimas no pueden lavar
hasta hacer que desaparezcan.
Entonces aparece una molesta
persona en el reflejo del agua
que me pregunta si
estoy haciendo lo suficiente
para tener el derecho a sonreír.
No tengo ventanas,
y si las tuviera estarían cerradas,
sin embargo, tendría una puerta
que aún se abre cuando es necesario
— *¿qué se supone que significa eso?* —
y alguien toca lo bastante fuerte
para asustarme y hacer
que dé un paso hacia atrás
para convertirlo en varios
que conforman mi desaparición.
La pecera en la que me encuentro
es demasiado grande
y hay tanto espacio que
el sonido no rebota,
fluye y se funde con lo que vendría a ser mi
futuro
si no tuviera tanto miedo
a quedarme sola.

Vienen y van,
todos los que dejo entrar
vienen y van.
Esta pecera y yo
somos lo único que queda
después de la huella de los cambios
en la vida humana
donde algunos se quedan unas horas
y otros fingen que se quedarán
para toda la vida
pero, finalmente, cada uno de ellos
viene para irse.
Ya no queda nada aquí,
ni siquiera las algas que usaba
para escalar cuando
me mentía a mí misma diciéndome
que ese sería el día en el que
saldría de mi pecera.
Ya no queda nada aquí,
ni siquiera los castillos desgastados
donde me escondía hasta que
los recién llegados se vieran
lo suficientemente humanos.
Mi pecera, grande y vacía,
ha visto más de lo que quisiera
hacerme responsable.

Sostienes mi mano

Todos corren
cuando les cuento que escribo
porque ya leyeron
la forma en la que te describí
y es demasiado intenso como para quedarse.
Todos corren menos tú.
Todos corren menos tú
cuando tomas mi mano
y la sostienes con orgullo,
como un trozo de cristal
que si se rompe detonará
la fatalidad del mundo.
Sostienes mis manos con orgullo,
sin miedo a que pueda escribir
de la sonrisa que me regalas
ni vergüenza de lo que pueda decir
más tarde cuando las palabras
no sean suficientes
para que se queden en el papel.
Sostienes mis manos
concluyendo con un beso en mis nudillos
y una mirada que me dice
que nunca más estaré sola,
los pasos que das en reversa
junto conmigo
van en contra de todo lo que dicen los demás
y sus miradas inquisitivas.
Sostienes mis manos

asegurándote de que
los caminantes de la tierra
sepan que *la poesía que hago se trata de ti*
y que la seguridad que tengo
la siembras tú en un rincón que ves seco
pero pronto harás que florezca.
Sostienes mi mano
y, para mí, el mundo entero
aguarda por ti.

Labial "sanadora"

Encendiste las luces
y te diste cuenta que era demasiado triste.
Encendiste las luces
y ya no parezco tan interesante
¿no es así?
Ahora que ves todo con claridad
tengo miedo de que uses
las peores cosas que sé sobre mí
como un arma para ponerme contra la pared
y decirme que ya no quieres estar aquí.
Es peligroso que sepas que soy yo
quien necesita estar cerca
para poder respirar con facilidad
por eso me escondía detrás de un labial
de color "sanadora".
Todas estas mañanas
me he estado disfrazando en un cuerpo
que me queda demasiado grande
y juego a que soy una niña bonita
en un mundo donde hay reglas en las que
no puedo encajar por más que quiera.
Y quiero gritar
y llorar
y pedirte que cierres los ojos
para que no veas que alguien más ahí afuera
brilla como quieres que brille yo.
Pero no puedo hacer nada
porque se supone que,

bajo estas tenues luces
y el telón que aún no se abre,
soy la chica de las manos sanadoras,
soy la chica que siempre entiende,
soy la chica que escoge siempre lo mejor
y a la que nada le duele.
Quiero dejar de dar por sentado
el suelo por donde camino
y las cosas que piensas sobre mí
pero no puedo vivir en las nubes
sabiendo que la tierra se está quemando.
Entonces *me disfrazo de niña bonita*
en un mundo donde
no importa cuánto lo intente
la belleza es una bala
incrustada en tus pupilas
y la tristeza es magia
que resbala por mis manos.

Nos costó mucho entender
que este problema nunca fue
nuestro.
Esta guerra no nos incumbía
pero aun así nos destruimos por
ella.

Inmortalidad

No creo en eso
de que me vayas a *amar por siempre,*
es por eso que te dejo ir y sonrío cuando
le hablas a otras personas sobre mí,
cuando se te escapa una palabra mía,
cuando imitas un gesto que aprendiste
en los días donde nos tomábamos de las manos,
ves una película y escribes sobre ella
y haces estrellas de papel.
Porque todas tus costumbres
que parecen magia
en realidad, eran mías
y, ahora que viven en ti
y que tú estás caminando por el mundo
y viviendo en todas esas personas,
mis costumbres vivirán
en muchos otros lugares
que, con el desgaste del tiempo,
las compartirán con otros
quienes a su vez
harán que sus hijos las sigan
y esos pequeños niños
harán mi gesto
y cuando crezcan leerán mi libro
sin saber que llevan con ellos
parte de lo que me pertenecía.
No creo en eso
de que me vayas a amar por siempre,

sin embargo, te dejo ir
y repartir por el mundo mis costumbres.
Eso significa que,
si tu amor no será para siempre,
al menos yo lo seré.

Ámame con tu mirada

Ámame con tu mirada
porque no concibo el amor
de otra forma que no sea
con la sinceridad de una lágrima
o el dolor de terminar un abrazo.

Ámame con tu mirada
porque cuando te falten palabras
y no puedas completar la oración
sabré que debo quedarme
hasta que se acabe la siguiente canción.

Ámame con tu mirada
porque hay días en los que
dirás cosas que no sientes
y yo te daré respuestas entre dientes.
No está mal,
quizás así son las cosas
después de un par de meses.

Ámame con tu mirada
o, bueno, ámame con lo que quieras
pero no dejes de hacerlo.

Alguien está jugando con las luces

Alguien está jugando con las luces.

Alguien está jugando con las luces
y cree que no me doy cuenta
cuando se pasea vacilando
por cada cuarto que me pertenece
—quiero creer que me pertenece—.
Revuelve las flores
que planté cuidadosamente
para que las espinas alejaran a los intrusos,
se las lleva
y arranca las páginas de los libros
que alguna vez le dije
que no podía tocar nunca
porque contenían demasiado de mi historia.
Camina dos pasos hacia atrás
cuando se da cuenta que
se pasó por la sala
sin arruinar la alfombra granate
en la que bailábamos los días de lluvia.
No se va hasta que deja todo deshecho,
las camas destendidas,
los cajones abiertos,
el espejo del baño nublado,
los platos rotos,
los focos quemados

y los muebles desmantelados.
Pero, como siempre,
el cuadro de reglas
escritas en tinta roja que trajo
lo deja sobre lo que queda
de una mesa de madera donde tomábamos el té.
Quizás fueron demasiadas reglas
que no quería seguir.

"Alguien estuvo jugando con las luces"
le cuento al recién llegado
que me observa con curiosidad
—bueno, no tan reciente,
ya estuvo por aquí un buen tiempo—
y creo que hice que pareciera demasiado
una melancólica disculpa
con un rostro avergonzado y manos
temblorosas
porque me mira con dulzura y me dice:
"Eres tan linda,
no deberías haber pasado
por todo lo que pasaste".
Entonces *siento miedo*
de que entre y conozca las dichosas luces
que ni siquiera funcionan correctamente
por eso es que doy un paso atrás,
adentrándome de nuevo en esta casa
solo para ver las hermosas cortinas nuevas.
Me aventuro nuevamente en la casa
y me encuentro con pinturas extravagantes,
muebles cómodos para las tardes frías
y una nueva mesa para tomar el té.
Decido que ya es tiempo de abrir los ojos

ANN   47

y entrar a mi habitación favorita
donde los libros ya no están por el piso
y hay una sola flor amarilla
sobre una mesa de color turquesa.
Pero lo más importante
es que entro
y noto que **alguien**
ha reparado las luces.

Preguntas que me hago cuando no te veo

Amé cada minuto aquí contigo,
adoré cada segundo que se deslizaba
de tus palabras, pero,
más que nada, de tus silencios.
Este hogar está lleno de vida
y al costado de él hay un charco
que refleja una sombra que no se entiende.
¿Es brillante?
¿Es profunda?
Nunca llegaré a entenderlo,
¿siquiera fue real?
Él no sabe cuándo dejar ir
y yo no me siento preparada
para enseñarle que todo pasa.
Para enseñarle que yo misma paso.
¿Todo pasa?
¿Qué hay más arriba?
Creí que todo estaba conectado,
iba a usarlo como un escape.
Ya no quiero escuchar la misma canción
y no poder sentir lo mismo.
¿Dónde están todas las personas?
¿Cambiaría algo si se quedan?
¿Qué pasa si llegan a quedarse?
Pregúntame por qué no he podido
dormir bien estos días.

Creo que algo sobre este lugar
me resulta familiar,
estas paredes me llaman
en una manera bastante humana.
¿Cuál es la realidad
y cuáles las estrellas?
¿Es aquí a donde debía llegar?
¿Ya es el momento?
Es seguro.
Esto que me rodea es seguro ¿cierto?
No quiero olvidar ahora,
nada de esto está vivo
pero está irradiando energía.
¿Por qué?
¿A dónde van todos ellos?

¿A dónde van?

Tuve un sueño

Tuve un sueño
en el que conocía a mamá
y aún no tenía algunas de las
arrugas por su sonrisa.
Ella era, de hecho,
bastante joven.
No era mala, no era dura,
tenía diecisiete
y quería *comerse el mundo entero.*
Tuve un sueño
en el que conocía a mamá
y ahora me pregunto si
le habría gustado maquillarse conmigo,
si se hubiera reído de mis chistes.
Me pregunto qué tanto le gustaba dibujar,
si sabía que era hermosa.
Me pregunto cuántas veces he olvidado
que **antes de ser mamá, es una mujer**
a la que se le olvida su belleza.
Me pregunto si las cosas que le digo
le duelen más a ella que a mí
cuando pienso en esa pequeña.
Me pregunto si le hubiera gustado escucharme,
si me hubiera dejado abrazarla de vez en
cuando
y si tampoco se sabía todas las recetas
como se las sabe ahora.

Tuve un sueño
en el que conocía a papá
y aún no tenía
el cabello salpicado de tenue blanco.
Él era, de hecho,
bastante joven.
No era malo, no era duro,
tenía trece años
y quería saber qué hubiera pasado
si su papá siguiera aún con él.
Tuve un sueño
en el que conocía a papá
y ahora me pregunto si
un abrazo mío lo hubiera reconfortado,
si aún le gustaría el fútbol
y si me hubiera dejado escuchar
lo mucho que extrañaba al abuelo.
Conocí a papá y <u>me pregunto si</u>
<u>las cosas hubieran sido distintas</u>
si hubiera cumplido otros sueños.
Me pregunto qué contestaba
cuando no tenía todas las respuestas,
si le dolía demasiado y nadie lo sabía.
Me pregunto si a veces es tan fuerte
que se me olvida que también siente
y si me habría contado los secretos
que guardaba de todo el mundo.
Me pregunto si alguien le regaló carritos
y si es que tuvo miedo alguna vez,
a quién corría si no era a papá.
Me pregunto si hubiera sido suficiente
que le dijera que él sería un padre
extraordinario

en algunos años cuando me conozca.
Me pregunto si lo pensó la primera vez
que me vio.

Tuve un sueño
en el que conocía a mis papás
y ellos recién se aprendían
el nombre del otro.
Ellos eran, de hecho.
bastante jóvenes.
No eran malos, no eran duros,
llevaban un poco más de años
de los que yo llevo ahora.
Tuve un sueño
en el que conocía a mis papás
y ahora me pregunto si
tienen las cosas que soñaban tener
y si tienen miedos que no comparten.
Me pregunto si les hubiera gustado
que los siguiera a todas partes,
qué hubiera pasado si
me conocían en ese momento
¿les habría gustado?
¿las cosas que digo les parecerían interesantes?
Me pregunto si tendría el valor de decirles
que tengo miedo de que el tiempo
se nos vaya demasiado rápido.

Tuve un sueño
en el que no veía a mis papás,
al menos no con color en la piel
o aliento de vida.
Ellos eran, de hecho,

una piedra con una inscripción y una fecha.
No eran malos, no eran duros,
sencillamente *no eran.*
Tuve un sueño
en el que ya no existían como mis papás
y ahora me pregunto cuánto tiempo nos queda,
si sabré de dónde sacar respuestas
cuando ellos ya no estén,
si podré llorar en mi habitación
sabiendo que ya no están del otro lado de la
puerta.
Tuve un sueño
en el que ya no podría verlos de nuevo
y ahora me pregunto si
será posible escuchar su voz para siempre.
Me pregunto si tener miedo es normal,
si se podrían llevar mis miedos con ellos,
si los viajes serían lo mismo.
Me pregunto cómo sonará la casa
cuando ya no necesiten su par de llaves
y cómo de vacía se sentirá la cama
cuando ya no comparta la televisión con ellos.
Me pregunto si habré aprendido
a dar el amor que recibí de ellos,
<u>me pregunto si habré aprendido</u>
<u>a recibir el amor.</u>

Tuve un sueño
y ahora me quedo despierta
con tal de verlos.

Flores que arranqué de mi jardín

Flor de manzano
La fama lo describe como grande y bueno

Me preocupaba que *el* hombre
—sobresaliente, **muy diferente a lo que
conocemos todos nosotros**;
simples seres irrelevantes que habitan la tierra—
 no comiera bien en mi ausencia,
como si mi presencia hiciera diferencia alguna.
Me preocupé como si el solo hecho de verlo por
las noches
fuera una especie de magia que lo protegería
de todo.

Tejo
Tus encantos están grabados en mi corazón

No te olvides de mí.
No te olvides de mí solo porque me voy de casa
—no quisiera irme de casa—,
que no salga nunca de tu boca un:
"casi no la conozco, somos como extrañas"
solo porque mi edad no se acerca a la tuya.
No te olvides de las noches que pasé en tu cama,
de los cuentos que recibí de ti,
no te olvides del doble toque que le doy a tu
mano
cada vez que la descansas en la mía como si yo
pudiera protegerte.
No te olvides de mí
porque si lo haces me quitas todo,
todas las horas que no dormí
para tocar tu frente y conocer tu temperatura,
todos los años que rogué por ti
y que esperé a que llegaras para darte nombre,
no te olvides de mis poemas
y de lo que sabes de ellos ahora,
no te olvides de las veces que me iba contra el
mundo
por ti y para defenderte a ti.
No te olvides, **te gusta mi voz**,
te gusta cuando canto y te quedas dormida;
no te olvides de las películas que vimos,

no te olvides de mi rostro y de mis ojos,
de las veces que preferí quedarme parada
para que tú te sientes.
No te olvides que no me quiero ir de ti
pero no puedo dejar mis sueños de lado,
no te olvides que te esperé toda la vida,
<u>no debes conformarte con menos.</u>
No te olvides,
no me olvides.

Crisantemo chino
Alegría ante la adversidad

Qué hago yo, poeta,
si en lugar de ir por la vida amando al mundo
y a sus espejismos de flores de colores
como quiere hacer creer mi asfixiante
estereotipo
me paso los días **cartografiando heridas**,
introduciendo rosas marchitas en ellas
para que de <u>los cortes nazcan flores</u>
<u>y poemas.</u>

Madreselva trompeta
El color de mi destino

El día en que me vaya
**no quedará eco en lo más remoto de la tierra
de mis pasos o mi risa**
y en los valles sonarán los cantos y los
zumbidos
de los animalitos y aves vespertinas
que no tienen idea de que me fui,
no añoran mis palabras como alguna vez
yo añoré escuchar su silbido nostálgico.
Mi pálida tez que antes era morena
porque el sol nunca se giró de mí
se mezclará con el firmamento
en un color familiar que puedas reconocer.
Sea como el mar y sus olas onduladas
o como el viento que viaja con mi mensaje,
así de amarga e imperecedera sea mi partida,
hondo el vacío de mí y mis manos,
que sea marca y huella, pero nunca grieta.
Que pesen más mis poemas sin nido
que mi congoja añeja que no permanece.
Los testigos de mis ojos que no se desvanecían
cuenten mi verdad,
mantengan eterna mi alegría
porque me voy a un lugar donde *no hay recuerdo
de que alguna vez actué sin nobleza*
y con el egoísmo de quien piensa que es
perenne,

me voy a un lugar donde me espera alguien
que me esperó toda la vida y más
y lo amo
y Él me ama a mí.
Cuando amanece por mi ventana
la primavera inacabable florece para mí
aunque yo ya no camine en tus prados
ni empape los tobillos en tus cosas,
la primavera inacabable
es para mí.

Capuchina
Trofeo bélico

Te construí una casa con un jardín
que no durara demasiado pero que fuera un
mensaje
para cada persona que pase por aquí
porque las veces que me enseño a no dormir
te conviertes un poco más en mí
de lo que yo misma he logrado ser
y no sé qué tan peligroso puede ser que
pienses lo que pienso y entiendas lo que yo
siento.
Me gustaría conocerte como luna llena
y no como una simple estrella convencida
de que no es suficiente y que se esconde,
se esconde detrás de un fuerte roble
cuando lo que yo soy es un rayo con sonidos
que no se repiten y aparenta no tener latidos.
Nos encontramos un día en aislamiento
estando dispuestas a sacar la cara, el pecho y
ponernos de rodillas
para poder luchar por nuestro hogar,
nos encontramos en el frío del confinamiento
donde me enseñaste que comer fresas no me
haría daño
y que odiarlas sin haberlas probado era un
pecado.
Anda y diles a todos que me quedaré un rato
más,

que no me hagan daño,
que me dejen el espacio vacío para devolverte la
paz.
Diles a todos que voy a regresar
y que enterraremos juntando nuestras manos
todo lo que había tachado como eterno,
enséñales lo que me enseñaste a mí,
enséñales a parar el tiempo con un gesto tierno,
que todo se aleja y que lo único que conservo
es el recuerdo de una guerra a través de tu lente
sempiterno
y lo oculté para que solo sea mío, *mi pequeño
mundo alterno*.
Crecimos hacia los lados porque justo hoy,
justo hoy que te digo que me voy,
nos enteramos que éramos una sincopa
y nadie sabe si el ritmo más fuerte lo llevas tú
o lo llevo yo cada vez que abro la boca.
Siento que no me mientes
así que te regalo un corazón para que rompas
donde nada es tan importante como tú
y las cosas que me digas no me pueden alejar.
Nos conocimos espantando recuerdos
y tenía más ganas de esconderme que de salir,
me queda claro que todo lo que atesoro
está respaldado por algo impalpable e incoloro
que tenía prisa por esfumarse en algún campo,
que sin querer se fue por algún grito sonoro.
Entonces aprendimos que confiar te arriesga a la
fuga,
que nunca hay un buen momento para
despedirse
y que querer deconstruye la piel en arrugas.

Cuando nos estrellemos contra un abedul
plateado
ocultaré mis miedos para cavar un poco más
profundo
con un encendedor en la mano, en el fondo
descansando,
las cenizas de nuestras fotos parecerán el fin del
mundo
que te acechará para decirte que formemos más
recuerdos,
para decirte que quiero ser cualquier cosa,
que quiero ser copiloto, que **me conformaría
con ser tus miedos.**
Sé que es una afirmación descarada y un pedido
que, más que pedido, parece un rezo
disimulado
pero miento frente a tus manos para creerte a ti,
y comparto contigo mis sueños para que te
quedes a mi lado.
Hasta ahora todo lo que detona esta bomba
son pinceladas de las que no me arrepiento,
no me arrepiento porque cuando te pierdo un
segundo,
vuelves, me reincorporas a la vida y
nuevamente me encuentro.
Nuestro hogar pudo haber sido cualquier cosa,
cada día pudo ser una despedida afectuosa
y <u>ninguna de mis cartas llegó a ser una rosa.</u>
Me dijiste que las serpientes cambian la piel
y que viva este encuentro tormentoso como si
fuera miel,
que puedo también cambiar mi tez
y hacer que sea una armadura,

volver mis huesos un cuento oculto
y mis sonrisas un presente impoluto,
el presente perfecto que enseñaban en el salón
de clases
donde aprendimos a estar sentadas
cuando *todo lo que queríamos era construir,*
aprender con nuestras propias manos
y cortarnos de vez en cuando si era necesario.
La velocidad y presión del tiempo hizo que
nuestros cuerpos
sean una estrella de un día,
una estrella que moría y renacía,
nunca nos gustó sentarnos y copiar de una
pizarra
porque queríamos más, quisimos escuchar
pero también quisimos hablar;
queríamos opinar y ahora que salimos a la fuga
vemos más del mundo y el tiempo que falta
asalta y toma todo de nuestra pequeña reserva.
Decidí quedarme con la piel que resguardaba
porque, más que una serpiente, soy un gato que
ama,
que ronronea y que escapa,
decidí quedarme con esta piel porque
te conocí llevándola encima y no quiero que un
día
dejes de reconocerla y que tengas que adivinar
a dónde me llevó la vida.
Te digo que *hoy te recuerdo como un espejismo,*
como una ilusión en el nuevo mundo,
recuerdo tu escritorio junto al mío
y veo como se destruye todo en un segundo
y cómo todo se vuelve sombrío.

Te digo que hoy existo como un gato
y nunca quisiera verte como ratón
porque preferiría morirme de hambre a tener
que, de una mordida, llevarme tu pequeño
corazón.

Mimosa
Sensibilidad

No sé qué tanto te pesan las palabras,
si algunas te pesan más que otras;
no sé si eres como yo, que no sabes qué hay de
bueno en las palabras
si terminan siendo baratas y el agua las lava
como se lleva el viento al diente de león
y lo entierra lejos, muy lejos, en el olvido
sin dar pie al deseo y al sueño.

No sé qué tanto te importa un te amo,
si te molestaría que, en su lugar, te regale un
libro;
no sé si te molestaría que, en su lugar, camine
tras de ti,
que te haga una canción que no es para ti
sino para tu pasado y lo que te faltó vivir en él.

**No sé si eres más de levantar la vajilla y el
vaso**
y de brindarme agua en un día caluroso,
de caer antes, de llevar el paraguas;
no sé si te has enseñado a en lugar de hablar
envolver un regalo,
si quisiste escribir una carta y se derramó la
tinta y el corazón.

No sé si el mundo te ha dicho que no llores

y es por eso que ahora verme llorar te hace
retroceder,
no sé qué tanto sabes de las lágrimas,
si conoces más el enojo y la mano dura
que el beso y el abrazo,
que la caricia en el cabello que rasga
la lúgubre tela de la remembranza.

No sé si es por tus manos o por tus pasos,
si las palabras o los gestos,
si los actos o las emociones,
pero todo lo quiero contigo
antes de irme de casa.

Crisantemo rojo
Yo amo

Hoy necesito creerte
como quien dice "ven, créeme que el agua no
moja"
y como quien supone que es verdad
y por eso *lo mojado no existe.*
Necesito de un lenguaje ideado y discreto
y un mundo a punto de extinguirse
para poder **encontrar el remanso inmérito**
gracias a las mentiras que transformaste en
verdad
haciéndome ver casi inalcanzable y sin malicia,
superior a todo con la cronología de un
calendario erróneo,
un reloj que solo da marcha hacia atrás
y un sueño lúcido donde las lágrimas son oro.
Me despojo ahora del letargo en el que habitaba
con el miedo oculto de despojarme también
de la capacidad de llenarme de amor
que es inherente a mi persona,
con una predicción perturbadora en el fondo
de mi cabeza parlanchina e incesante
que me condena a sentirme glotona,
insaciable, incapaz de ser colmada
y que algún amor resulte suficiente;
con una predicción que, si resulta real,
me dará una mirada hostil y saciará mi boca
para que nunca más cante

ANN

y lo único que encuentre en el espejo
sea una cadavérica sonrisa que está ahí por
compromiso
y un veneno oculto que esclaviza a la
melancolía.

Amaranto colgante
Sin esperanza, no sin corazón

Mi nombre parece ajeno,
son pocos los que lo pronuncian realmente
así que bien podría llamarme flor o agua
y daría *exactamente igual.*
Ahora, con mi nombre inexistente, puedo
amoldarme
a la ausencia y a la compañía de quien me
escucha,
me volvería lo que puede decirse una criatura
bipartita
que solo conoce el ser y el estar
y se divide constantemente en estados:
Sólido, líquido, gaseoso.
Partida, estadía, amor, discusión.
Quiero creer que hay quien guarda el espacio
que hice en su corazón
la primera vez que pude tocarlo en lo más
hondo,
en la desolladura más profunda y el corte aún
sangrante.
Quiero creer que la levísima grieta que hice con
las manos
no desaparece después de la lluvia.
Sin un nombre al cual desgarrar y convertir
en una nueva identidad con cada sílaba,
puedo jurar que fui exiliada de aquel planeta

en el que creí que echaría raíces.
Algún día voy a agonizar de la nostalgia,
de la añoranza y de la congoja de no ser y no
estar
así que, mi nombre imaginario me protege
de un futuro inexorable en el que las palabras
sean nulas,
en el que *mis* palabras sean nulas
con un inequívoco valor equivalente a cero.

Prímula

Juventud temprana

¿De qué escribo si no siento?
¿Cómo escribo?
¿Cómo escribo si no soy feliz?
¿Cómo escribo si no me hundo en un
impasible mar de tristeza y melancolía?
¿Para qué escribo?
¿Por qué escribo si no debo llorar,
si sentir me hace de cristal,
si para ti soy de cristal?
¿De dónde nace el verso si no es
de la lágrima y el martillo?
Si la poesía no nace del sentir
entonces no quiero hacer más,
prefiero morir cansada pero jamás callada.
¿Qué significa que sea joven?
¿Soy imprudente?
¿Soy de cristal?
¿Soy un recién nacido en la vida?
¿Soy ociosa?
Lo importante es escuchar,
soy mi propia princesa;
yo me escucho, yo cuido de mí,
yo *tengo* que cuidar de mí.
Quiero pensar en la vida
—que **debe ser lo mismo que pensar en los
poemas**—,
es como una niña caprichosa

que hace lo que sea hasta que le prestas atención
y luego te lleva por delante como si nunca
la hubiera querido.
Tus palabras son filosas y caen
despreocupadamente
casi como si nadaran en un río,
un río de ¿mi sangre?
Finalmente recojo tus palabras y las mías
y me voy sobre mis pasos
con mis preguntas,
con este sinsabor incontenible
y con mi <u>afecto de cristal</u>
que esconden una sentencia irreal:
todos sienten, incluso tú.

Astrágalo
Tu presencia alivia mis dolores

Me dices *voy*,
te digo *te espero*;
pero tú sabes que, aunque yo te espero,
no vendrás, aunque mueras por hacerlo.
Y, desde siempre yo sé que,
aunque nunca llegarás,
seguiré aquí sentada.

¿Qué estamos haciendo
si no nos duele el dolor del
otro?

Linaza
Siento mis obligaciones

Me pides que dé el primer paso,
que abra ese libro,
que escriba ese ensayo,
que rinda ese examen,
que postule a ese concurso;
que *quizás*,
que *pronto*,
que *tal vez, algún día.*
Me pides que dé el primer paso,
¿el primer paso para qué?
¿a dónde quiero ir?
<u>¿por qué estoy dando tantos pasos?</u>
¿qué pasa si nunca gano?
¿qué pasa si nunca aprendo, solo pierdo?
¿qué hago con mi tiempo?
¿qué hago con los quizás?
¿dónde quedan los *nunca*,
los *ya no*,
los *a partir de ahora*?
¿qué hago con los años?
Me pides que dé el primer paso,
que recoja ese papel,
que ordene esa pila de ropa,
que tome esa decisión,
que no pierda ese avión,
que no llegue tarde a la rutina
—que adopte una rutina—,

que envejezca con ella,
pero **¿qué hago si no quiero una rutina?**
Si me hago de una práctica y la repito
¿dónde estoy dejando a la niña,
dónde queda la adolescente?
¿de dónde va a nacer la mujer
si no tiene historia?
¿En cuál de estas macetas esperas que plante
a la muchacha si no conoce de cultura?
¿si no se codea con muñecas?
¿si no ha volado una cometa?
¿si no sabe lo que es caerse en los juegos,
si solo conoce lo que es que se le caigan los
sueños?

¿Qué hago con la mujer si no sabe armar
sueños?
¿si nunca quiso ser princesa?
Me pides que dé el primer paso,
esperas que sepa a dónde ir.
Yo también espero saberlo.

Grosellas

Tu ceño fruncido va a matarme

Somos la pequeña parte de un todo,
un corazón embarrado en lodo,
una niña cuyo animal favorito era
el imponente dragón de Komodo.
Soy esa persona que ve
el animal callejero en mis ojos
y en mis venas los brillos rojos,
las caricias de las que me despojo
y, en los días fríos, de nervios un manojo.
Eres la oscuridad que dice la luna que tiene,
una canción que escucho cuando me conviene,
el mar que se suelta y me asusta cuando viene.
Tenemos desvíos a la espalda
y los caminos se abren paso por el borde de mi
falda,
los campos de fresa son lo que nos respalda
cuando me mientes a la cara y
me dices que ya no me extrañas,
que ya has aprendido a guardar tu espada,
que no te importan mis armas,
que la guerra se gana juntando nuestras almas.
Cuando me dices que *porque me voy*
no puedes quedarte con mi poesía,
que no me necesitas ni me quieres todavía.
El desorden de las cosas tiene
un orden en un mundo pequeño,
todo lo que hay aquí es bueno

y tienes incrustado muy dentro tuyo mi cielo
y debajo de él, mi huerto de heno.

Somos la pequeña parte de un todo,
una flor que nace y se sacrifica del mismo modo,
que se inmola para darle valor a su vida
que para los demás se vuelve un acto suicida,
que se pierde cuando nadie la necesita.
Soy el abismal universo que, sin pensarlo,
me separa de los sueños que encontré en mi
morada,
un cántico en el desierto
y en el silencio un punto muerto.
Eres el fresco pasto en el campo
que se aleja con el sonido de flecha y arco,
que hace daño, *pero no es su intención hacerlo,*
que se aleja, pero me quiere cerca a tiempo.
Casi quiero creerte cuando me dices que te vas
pero en el fondo sé que me haces daño
porque piensas que así puedes proteger mi paz,
estás aquí por ahora y eso es lo que cuenta
cuando lentamente se agrieta la luna
y cuando los bebés se quedan sin cuna,
cuando no hay manos que sirvan de ayuda,
cuando las polillas salen volando de mi casa
construida frente a la laguna.

Somos la pequeña parte de nada,
un carrusel con una princesa estrellada
y una armadura que siempre estuvo vacía
pero mantuvo una deuda saldada.

Justicia
La perfección de la belleza femenina

Tiene tanto dentro de ella
y tanta es la vida que nace de sus manos
que **las flores se inclinan hacia sus pies**
rindiéndole silencioso tributo
a la reina del amor, de la paz
y de la vida que me brindó.
Las flores prefieren mirarla
y por ella cambian su sol.
La luna sale de su lado
porque su brillo se refleja en ella
más que el brillo del astro rey,
por eso con su mirada no hay día,
no hay noche, no hay ninguna estación.
Decide su cambio de vida
en cuestión de horas.
empaca sus maletas como si
sus raíces no existieran en ningún lugar.
Sus pies tienen la capacidad
de convertir cualquier desierto en campo,
por su mirada me tiro de cabeza
al epicentro de la guerra y salgo victoriosa,
de su vientre brotan flores
a las cuales les pone nombre de mujer
y llena el mundo de ellas,
cada minuto de silencio a su lado
está por encima de la primera nota

ANN

que tocó el arpa más preciosa.
Ella hace y deshace a su antojo
y, de alguna forma que no entiendo,
estoy agradecida por ello
porque me quita el peso de algunas decisiones
desmantelando mis problemas
y quemando el nudo en mis ovillos.

Tulipán jaspeado
Ojos hermosos

Te miré,
escuché la primera palabra que me dirigiste,
me empapé de la primera lágrima,
limpié el piso para que no te resbalaras
y me pregunté por qué solías decir
que querías encontrar el amor.
¿Dónde más quieres conocer al amor?
Si tus uñas están pintadas de rosa,
tus níveas manos son cálidas,
tus ojos se inundan y perecen en la soledad
donde afortunadamente me encuentro yo,
tienes una sonrisa para cada extraño,
un saludo y un conocido en cada tres personas
—a diferencia de mí que te conozco a ti
y, a través de tus dulces palabras, a todos los
demás—.
¿No crees que el amor que estás buscando
estuvo siempre en ti?

Cruz de Jerusalén
Ojos radiantes como el sol
Fragmento

Estamos aquí con fe el día de hoy
sin saber que *mañana podría ser completamente
distinto.*
Nunca nos tomamos una foto porque siempre
tuvimos apuro,
pero lo que me queda como recuerdo de ti es
que eres el sol,
eres el sol que nunca quema y no lastima los
ojos,
eres el sol que se esconde de sí mismo y de su
reflejo.
Caminamos con velocidad pensando en la
próxima visita
y nunca nublé mi mirada cuando se trataba de
buscarte,
sin embargo, siempre apareciste por detrás con
un abrazo
que, más que abrazo, era una llamada de
atención a la tierra
para recordarle que deje de girar por un
segundo
y se enfoque en que estás sobre ella dando pasos
cortos.

Después de todo, ahora sé que cavar en la tierra
no cuesta demasiado,
que el sol no tiene porqué quemarme la piel,
que nunca más le tendré miedo a ser demasiado
feliz,
que las despedidas deben ser más significativas,
ahora sé que un abrazo puede ser más que un
abrazo
y que el blanco en tu piel es un cuadro que
quiero ver a futuro,
sé que nunca es tarde para dejar de lado las
armas,
que el ritmo de algunas cosas no tiene que ser el
mío,
que el agua lava todo y la pintura es magia en
las manos correctas,
que **ser fugaz no tiene por qué ser algo malo**,
ahora sé que no existe el momento correcto para
llegar
pero sí el momento correcto para que llegues tú.

No me olvides
Amor verdadero

Pido por ti más de lo que pido por mí,
pido por un mundo donde el patio de juegos
se extienda más allá de la vista humana,
pido por un lugar reservado por siempre a tu
lado
y por aprender a protegerte fuera del daño
que puedo llegar a hacerte en un impulso,
en un acto reflejo que me defiende
de alguien que no es un peligro para mí.
Los recuerdos que tengo de ti son caprichosos,
comienzo a pensar que es porque llegaste
en un momento bastante borroso
a darle luz a todo con tu *valentía*.
Pido por un mundo que sea amable contigo,
por luces que te hagan saber lo especial que
eres,
pido por tu corazón y la compasión en él,
pido por que algún día me perdones,
pido por un hogar cerca de ti,
<u>pido por ir a visitar a mamá y papá juntas</u>,
pido por que el tiempo no sea demasiado cruel
y la vida adulta no genere una lejanía abismal
entre tú y yo,
pido por que te des cuenta que cuando no estoy
cerca
te cuido desde mi alma.

Con todo lo que tengo, espero que nunca te
hagan daño,
ruego al mundo que no tenga malas personas
para ti
porque hay algunas peleas que debería evitar
y es que yo por ti recibo una paliza y salgo
sonriendo,
pido por que todo lo que te haga feliz llegue a
tus manos
o a tus pies que están descalzos en mis
recuerdos.
Pido por mí después de pedir por ti,
pido por mí cuando ya no hay razones por las
qué pedir,
pido por mí cuando hay tiempo,
pido por mí cuando empiezo a creer que estarás
segura,
pido por fuerzas para defenderte,
pido por manos que no solo sepan escribir
pero también secar lágrimas,
pido por un alma que se mantenga joven
para que nunca sientas que nos alejamos,
pido por recordar siempre lo que me dijiste
aquella vez:
"Cuando las hermanas ya mueren,
se quedan sus poemas.
Eso no te lo vas a llevar".

ÍNDICE

Made in the USA
Columbia, SC
09 October 2024